Pebble™ Plus

Máquinas maravillosas/Mighty Machines

Aviones caza/Fighter Planes

por/by Matt Doeden

Traducción/Translation: Martín Luis Guzmán Ferrer, Ph.D.
Editor Consultor/Consulting Editor: Dra. Gail Saunders-Smith

Capstone press

Mankato, Minnesota

Pebble Plus is published by Capstone Press,
151 Good Counsel Drive, P.O. Box 669, Mankato, Minnesota 56002.
www.capstonepress.com

1 2 3 4 5 6 11 10 09 08 07 06

Library of Congress Cataloging-in-Publication Data
Doeden, Matt.
    [Fighter planes. Spanish & English]
    Aviones caza/de Matt Doeden=Fighter planes/by Matt Doeden.
    p. cm.—(Pebble plus. Máquinas maravillosas=Pebble plus. Mighty machines)
    Includes index.
    ISBN-13: 978-0-7368-5872-4 (hardcover)
    ISBN-10: 0-7368-5872-5 (hardcover)
    1. Fighter planes—Juvenile literature. I. Title. II. Series : Pebble plus. Máquinas maravillosas.
UG1242.F5D56318 2005
623.74'64—dc22   2005019054

Summary: Simple text and photographs present fighter planes, their parts, and their crew.

Editorial Credits
Martha E. H. Rustad, editor; Jenny Marks, bilingual editor; Eida del Risco, Spanish copy editor; Molly Nei ,
    set designer; Kate Opseth and Ted Williams, book designers; Jo Miller, photo researcher; Scott Thoms,
    photo editor

Photo Credits
Corbis/George Hall, cover, 10–11, 16–17, 18–19
Corel, 1
DVIC/Master Sgt Lochner, 21
Ted Carlson/Fotodynamics, 4–5, 6–7, 8–9, 12–13, 14–15

Note to Parents and Teachers

The Mighty Machines set supports national standards related to science, technology,
and society. This book describes and illustrates fighter planes. The images support
early readers in understanding the text. The repetition of words and phrases helps early
readers learn new words. This book also introduces early readers to subject-specific
vocabulary words, which are defined in the Glossary section. Early readers may need
assistance to read some words and to use the Table of Contents, Glossary, Internet Sites,
and Index sections of the book.

Table of Contents

Tabla de contenidos

What Are Fighter Planes?

Fighter planes are

very fast planes.

Militaries use

fighter planes in battles.

¿Qué son los aviones caza?

Los aviones caza son

aviones muy rápidos.

Los militares usan los aviones

caza en las batallas.

Fighter planes often
fly together.
They fly in lines.

Los aviones caza a menudo
vuelan juntos. Vuelan
formando una línea.

Parts of Fighter Planes

Fighter planes have

long, wide wings.

Wings help planes

fly and turn.

Las partes de los aviones caza

Los aviones caza tienen

alas alargadas y anchas.

Las alas les sirven a los aviones

para volar y girar.

Jet engines push fighter
planes through the air.
The engines are
inside the planes.

Los motores de propulsión impulsan
a los aviones caza en el aire.
Los motores están
adentro de los aviones.

Fighter planes carry missiles
and guns for fighting.
The guns are inside the planes.
Some planes carry bombs.

Los aviones caza llevan misiles
y armas para la guerra.
Las armas están dentro de los aviones.
Algunos aviones llevan bombas.

bomb/bomba

missile/misil

Landing gear helps
fighter planes take off
and land. Wing flaps help
planes move up and down.

El tren de aterrizaje permite a los
aviones caza despegar y aterrizar.
Los alerones permiten a los aviones
moverse hacia arriba y hacia abajo.

wing flap/alerón

landing gear/tren de aterrizaje

Pilots

Pilots fly fighter planes.

They sit in the cockpit.

Los pilotos

Los pilotos vuelan los aviones caza.

Los pilotos se sientan en la cabina.

TSG W AKIONA

Pilots wear masks and
flight suits. This gear keeps
them safe during flights.

Los pilotos llevan máscaras y trajes
de vuelo. Este equipo sirve para
protegerlos durante los vuelos.

Mighty Machines

Pilots fly fighter planes
in battles. Fighter planes
are mighty machines.

Máquinas maravillosas

Los pilotos vuelan los aviones caza
en las batallas. Los aviones caza
son unas máquinas maravillosas.

Glossary

cockpit—the place where a pilot sits in a plane

flight suit—a one-piece suit that protects a pilot

gear—equipment or clothing

jet engine—an engine that uses streams of hot gas to make power

landing gear—a set of wheels under an airplane; the wheels are down when the plane takes off and lands; the wheels stay hidden inside the plane when it is in the air.

mask—a face covering worn by a pilot; the mask gives oxygen for breathing.

military—the armed forces of a country

missile—a weapon that flies and blows up when it hits a target; pilots aim missiles at targets such as enemy planes.

pilot—a person who flies aircraft

Glosario

cabina—lugar donde se sienta el piloto

máscara—careta que usa el piloto; la máscara tiene oxígeno para respirar.

militar—perteneciente las fuerzas armadas de un país

misil—un arma que vuela y estalla cuando da en el blanco; los pilotos apuntan los misiles a los blancos, tales como aviones enemigos.

motor de propulsión—motor que usa chorros de gas caliente para crear energía

piloto—persona que vuela un avión

traje de vuelo—traje de una pieza que protege al piloto

tren de aterrizaje—juego de ruedas en la parte baja del avión; las ruedas se extienden cuando el avión despega o aterriza; las ruedas están ocultas dentro del avión cuando éste se encuentra en el aire.

Internet Sites

FactHound offers a safe, fun way to find Internet sites related to this book. All of the sites on FactHound have been researched by our staff.

Here's how:

1) Visit *www.facthound.com*

2) Type in this special code **0736836578** for age-appropriate sites. Or enter a search word related to this book for a more general search.

3) Click on the **FETCH IT** button.

FactHound will fetch the best sites for you!

Sitios de Internet

FactHound te ofrece una manera segura y divertida para encontrar sitios de Internet relacionados con este libro. Todos los sitios de FactHound han sido investigados por nuestro equipo. Es posible que los sitios no estén en español.

Así:

1) Ve a *www.facthound.com*

2) Teclea la clave especial **0736836578** para los sitios apropiados por edad. O teclea una palabra relacionada con este libro para una búsqueda más general.

3) Clic en el botón de **FETCH IT**.

¡FactHound buscará los mejores sitios para ti!

Index

Índice